빛그늘

이병국

시인의 말

여전한 마음을 헤아리며 별의 안부를 건넨다.

잘 자, 푸코야.

2025년 가을볕 언저리에서

이병국

빛그늘

차례

1부 나란히 걸으며 알게 되는 것들

빛그늘	11
모노크롬	14
봄밤	16
이을	18
가위	21
전지	24
우산	28
Somewhere she wants	30
Fine home	32
지속 가능한 내일	34
기울다	37
악장을 거닐고, 흔들리고	40

2부 없는 마음을 헤아리려는 듯이

당신이 아닌 나는 누구입니까   45

에스퍼맨과 데일리   48

강화   52

집에는 집이 없다   54

마흔셋   56

파시   58

핀홀   59

용치   60

다독이다   61

막다른 길   62

볕의 안부   64

헤테로토피아   66

만석   67

3부 너는 고작으로 살아왔구나

대기의 강   71

가을, 인지적 부조화   74

계절의 경계   76

모래사막의 겨울   78

열역학 제2법칙   80

무단 횡단   82

궤도   84

냉담   86

누가 앉았던 소파가 비스듬하다   88

약속된 우리   90

한 줌의 일상   92

가위   94

강화   97

화수   98

4부 깃들지 않는 오늘의 귀퉁이

까치밥   101

동백   102

골목에서   104

붉은 낙엽   107

1980년으로부터   109

분명한 일기   112

일요일   114

함박   116

스스로의 서사   118

다시 시작하는 하루   120

파인 다이닝   123

환상통   126

아저씨, 왜 나만 보면 웃어요?   127

언젠가 끝이 나겠지, 만   128

해설

빛의 수선공   131

　―김다솔(문학평론가)

1부
나란히 걸으며 알게 되는 것들

빛그늘

구름이 깊고 투명해서

죽은 나뭇잎을 쟁여 둔 가을은 짙고
미처 나누지 못한 말이 기울어진 햇빛에 닿아 바스라
진다

나 아닌 것들로 채워진 몸을 일으켜 세우는 일
은 어렵기만 하다는 걸
헛도는 우리가 멀어진 곳에서 겨우 알게 되는 일

너는 거짓말 같아서 멀리에서도 가눌 수 없는 빛으로
울음을 사르고 있다

시간의 주름 안쪽에서 잠이 들 듯 나는

웃었다

흥건하게

하지만 흘러넘치지 않게

길을 잇는다는 것은 발끝을 맞대고
갈라진 기억을 들추는 데 있다는 걸 이해할 수 있을까
빛의 윤곽을 따라 잦아든 우리가 알 수 있을까

다만 움켜쥘 따름이라고
재투성이가 된 이파리를 문지르며 마음에도 없는 말을

한다
입을 굳게 다물고

아랫입술이 부풀어 오르는 만큼
평평해지는 마음을 깁고
숨을 깁고

엇갈린 나뭇가지 사이로 뭉툭한 바닥을 넌다
빛의 그늘과

맞닿은 어둠이 비틀대며

우리를 가른다

어제의 네가 달무리에 잠기듯
가을은 짙고

나는 발끝에 맺힌 기억을 들추지 못하고 갈라진 채
로 있다

모노크롬

나는 닫혀 있습니다, 창은 열려 있고요
실은 문 없이 창만 내어놓았습니다

너머로 보이는 집들이 서로에게 기대어 그림자를 나
눠 갖습니다

가끔은 테이블 등 아래에서 차를 나누기도 하고 멀어
질 수 있는 만큼 거리를 두기도 합니다 거의 모든 실례
를 채웁니다 어려운 일이 아니에요

바깥을 찾아
마음을 뒤적입니다
드나드는 손이 없어 간결합니다

안으로 빗금을 긋고 밟지 않으려 종종거립니다 종일
들뜬 기분으로 종알거리기도 하고요 언제나 다른 목소
리가 끓어오르기도 합니다

누군가의 열린 창이 가까이 보이면 없는 문이라도 열어 주고 싶을 때가 있습니다

그럴 땐 찻잔 위로 비행기를 그려 생각을 태우기도 하고 하얗게 그을린 나를 알아보지 않는 마을에 불시착하기도 하고 시차에 사로잡혀 가까운 골목을 서성이기도 합니다

의자에 걸터앉아 다음을 밀어냈던 것인지도 모르겠습니다만

여기가 어디라도 좋겠습니다

봄밤

점점이 박힌 허방을 짚고
홍매화 피어요

따듯한 말을 뒷주머니에 감춘 채
날은 여전히 찬데

눌러놓은 봄은
헐고 깎여 느릿한 가지를 솎아 내요

불쑥
포개지고
궁리하듯 머물다
쓸려
상처를 내더라도

붉게 물들어
살뜰하게,

매달려 있어요

고인 마음을 어쩌지 못해

피어난다는 건

튼 자리로
자꾸
손이 가는 마음인지도 몰라요

아무도 대신해 주지 않아요

웃어요

이을

안에 든 것을 알아보지 못했다.

다른 곳에 있었기 때문인지도 모른다.

나는 쫓겨난 사람처럼 주위를 맴돈다. 태평한 한낮이 마른 얼굴로 쏟아진다. 단단한 것들이 오히려 쉽다, 는 말을 들었다.

받쳐 줄 몸이 없어 앙상한 낮달을 보며 접힌 손가락을 스쳐 지나가는 감정이 무엇인지 생각하지 않는다.

웃자란 머리를 감싸 쥐고 시간을 거꾸로 걷는다.

하나의 질문이 날카롭게 베고 간 자리에 바람이 달라붙는다. 조난을 당한 이들은 돌아오지 않고 언제까지나 젖어 있다. 추깃물로 채운 빈속이 매번 투명한 허기로 선명하다. 구체적인 감각이란 누구나 볼 수 있는 열린 문 안쪽, 텅 빈 문장의 와중에 놓인다, 쓰러지고 기어가는 이의 미끈한 몸뚱이 같은.

돌보는 마음에 애쓸 이유가 없다는 듯 생활은 새로
얻은 이름을 따라 돌을 쌓는다.

내민 손이 없어 얼마 못 가 무너질 것들이었다. 뙤약볕
에 달궈진 돌을 들추며 지나간 것들의 흔적을 찾는다.

최선은 선택받지 못한 다른 것에 있다, 짧게 스쳐 지
속되는 쓸쓸함에 있다, 지켜 괴로운 신념과 감은 두 눈
사이의 창백한 거리에 있다,

나는 식어 차가워진 한낮의 기분을 설명해 줄 수 없
다. 삶은 밀 한 줌 천천히 씹을 찰나도 없이 폭도가 된 바
닥에 주저앉아 쥔 것을 내려놓는다.

머리가 뿌리째 나뒹굴고 밀랍으로 봉한다 해도 녹아
흐를 고통이 오래 머문다. 먼 곳의 누군가 안에 든 것을

삼킨다.

나는 이곳에 있고 대답은 다만 밖에 있다.

가위
— 종이비행기

*

날아가고 싶다고 생각했다
그건 나아가고 싶다는 말과 같았다

뒤미처 닿지 못했다

*

하얀 연기를 내뿜으며 소독차가 달린다

희부연하게
흩어지는 얼굴로
아이들이 가위바위보를 한다

왼손 오른손 왼손 오른손
번갈아 내던 한 아이가 엎드리면

까맣게 지워져 달콤한 낮잠 위로
형편없는 환호가 포개지고

아이는 빗금에 젖어

아무것도 아닌 웃음을 짓는다

*

나는 창 안쪽에서 소매를 동여매고
눈을 감는다

어수선한 바깥이

잘못이었다

참을 수 없는 것을 참는 곤경과 우두커니의 다정처럼
풍경은

언제나 안전한 자리에만 머문다

*

날아가지 않는다

손바닥 위에 놓인 마음을 움켜쥐느라 손을 흔들지
못했다

행복하냐는 물음에
괜찮다고 답했다

전지

가로수의 머리를 자르고 있다.

횡단보도 맞은편에서

지켜보는 사람이
목덜미를 어루만진다.

늘 어딘가
제대로 도착할 것만 같은 날이
멀찌감치 떨어져 있지만

손에 쥐어질 확신이란
바닥에 팬 주름만큼이나
불편할 따름이라서
다른 뜻은 없다는 말이 신호에 걸려 머뭇거린다.

전지된
폐목

쌓이고

보도블록의 평온을 가장한다.

누구도
가까이 다가서지 않는다.

멀지 않은 곳에서 일어난 지진과
폭우와 폭설에 관해

물을 긷기 위해 하루 여덟 시간을 걸어야 하는 삶에
관해
상상하지 않는 것처럼

겨우 한 줌의 우리가 가지에 매달려
흩날리고 내리꽂히고 가라앉고

더는 어찌할 수 없을 정도로 엉망인 채로
빛그늘 안에 엉켜 있다.

기어코
잘라 내는 최선

홀로 빛나는 상처가 아물 때까지
짓밟히고 있다.

신호가 바뀌고

지켜보던 사람이
발을 딛는다.

건넌다.

저 끝에서
새카맣게 잊고

더미에 걸려 넘어질지라도

가 보기로 한다.

전지 폐목재 수거 처리 중입니다.
오늘도 이상 무입니다.
다들 태풍 피해 없으시길 진정 바라겠습니다.

우산

해변에 닿았다.

비가 내리다 구름만 남은
젖은 모래사장에 둥그런 집을 놓는다.

　언제든 나갈 수 있으리라고 생각했던 날이 열에 아
홉, 실은 열에 한 번도 눈을 맞춰 본 적 없다, 커튼을 내리
고 빛을 피해 모서리지던 마음 곁에 머물러 본 적도. 아
무런 생각 없이 매달리던 시절로부터 멀리 왔다는 건 조
명을 켰다 끄는 것처럼 담담한 일이지만 열에 서너 번 이
마를 짚어 체온을 맞대곤 했다. 머리카락이 자라는 만
큼 깊이를 알 수 없어 혼란스러운 마음에 홈을 긋는다.

　늘 그곳에 있었다는 듯 손쉬운 상상을 키워 안을 깁
곤 한다. 구석을 훑는 바늘땀이 길어질수록 열에 일곱
은 다다른다는 말을 이해하게 된 것처럼 생각하고 발을
뻗다 문턱에 걸려 구부러지는 기억은 열에 열

허기진 기대를 가로지르는 어둠

부족한 것이 무엇인지 가늠하며 나중을 더듬는다. 열
에 열을 곱한 후 삼 점 삼으로 나눈 값으로 들이치는 파
도에 자꾸만 밀려나고

먼 곳을 빚어
빈 곳을 견디는

이건 해변에 든 날의 기록
늘어진 순간을 접어 주머니에 넣는다.

활짝 핀 우산을 한 아름 쏟아 낸다.

Somewhere she wants

멍들지 않게 걸음을 살펴도
그림자를 밟지 않는 날이 없습니다

피할수록 깊숙이 파고드는 상처가
사막의 한기를 불러옵니다

옷을 껴입어도 아찔한 깊이를 털어 내지 못합니다

주저앉아 숨을 고르다 하얗게 질린 바닥을 쓸어 보아도
찾는 것이 무언지 찾을 수 없습니다

어쩌면 더 많은 거짓이 필요한 것인지도 모릅니다

울음은 아무도 없는 곳에서 비롯되고
견딘다는 말이 어울리지 않듯이
지내고 있습니다

지나고 있습니다

브레드 이발소의 소란으로 다차원 입방체의 논리 함
수를 맞추는

아이가 저편에서 아득합니다

염려가 타박으로 이어질 때도 있지만
손을 내밀면 따뜻합니다

믿을 수 없을 만큼 가능한 우리를 상상하며

자라지 않는 손톱을 거슬러 하루의 끝을 뜯어냅니다

다만 그런 일도 있었던 것입니다

Fine home

두고 온 것이 있다고 생각했는데
그것이

전부인 채로 방 안에
있다,

어쩔 수 없다는 말과 괜찮다는 말의 온도 차를 움켜
쥐고 바깥으로 한참을 걸었다, 하루의 기적을 기적처럼
마주하는 일은 계약서의 서명만큼이나 쓸모가 없고 싸
늘한 마음이 한 움큼이라서 부어오른 몸을 비집고 나더
라도 자랄 수 없다는 걸 미루어 짐작이라도 하듯 아무
런 기대 없이 머뭇대는 동안,

멀어졌다,

머무른 적 없이,

헤아리는 일은 모든 걸 엉망으로 둔다,

비틀린 손을 내주고 거슬러 간다, 긁힌 자국을 가만
히 어루만지며 햇살이 들지 않는 창으로 든다, 결코 해
결되지 않을 나를 이끌고 지나가는 순간을 내어놓는다,
뒤돌아선 채 알 수 없는 목소리가 속삭이고, 아무도 그
러라고 한 적 없다지만 그 무엇도 저지르지 않으리란 걸
안다, 거짓의 표정이 약속으로 남아 있어 물러나거나

　경계를 베고 바닥에 눕는다,

　아무렇지 않은 이들이

　파인
　홈

　을 건넌다,

지속 가능한 내일

푸른 밤의 실패를 기억합니다

공원 벤치에서

읽다 만 책을 덮으며

아물지 않은 상처를
갈피에 끼워 넣습니다

불거진 가로등 불빛에
마음을 기대어 놓고

걷는 사람의 곁을 훑치면

있습니다

그저 그런 날들을 털어 내고
단단하게 하루를

매듭짓는

당신이

옹글게 머물러 있습니다

어릴 적
손등에 집 한 채 얹고
미끄러지던 신발에 모래 한가득 담고
바닥을 모르게 날아오르기만 하던,
놀이터

제자리로

들키지 않게 다가갈 수 있을 거라고 생각했습니다

넓게 펼쳐진 보폭을 망설입니다

거듭나는 일이란
누군가 다려 놓은 길을 걷는 게 아니란 걸 알고 있습
니다, 당신은

잘못을 반복하며
여일하게
남겨진

내일에 가까워집니다

괜찮다고,
이후의 날들을 읊조립니다

기울다

차를 도로 한편에 세우고 고개를 내민다.

맞은편에서 손을 흔드는 이가 있다는 건
너머로 마음이 닿는 일이라서 허술한 하루였어도 괜
찮다는 뜻.

길어지는 두 개의 그림자를 따라 나란히 걸으며 알게
되는 것들, 이를테면

나와 너의 방향이 맞물리는 순간의 고요.
저녁놀을 등진 공원과
변두리 골목을 잇는 안온함.

멀리 솟은 건물 창에 하나둘 빛이 차고
인공 호수에 잠기어 들 때쯤

언덕을 수놓은 별빛이 모감주나무 위로 번진다.

기우는 하늘을 함께 걷다
공원 벤치에 투명한 밤을 앉힌다.

아늑과 위안의 테두리에 걸친
우리가 깊어지고

더는 미룰 수 없다는 듯이
서로의 틈을 메운다.

비켜난 시간에 몰두하며 바깥을 거둬들인다.

그것이 전부였으면 좋겠다, 고 생각한다. 더는 그럴 리
없는 것처럼, 더는 무엇으로도 존재하지 않는 것처럼 차
를 도로 한편에 세우고 고개를 내민다.

맞은편에서 손을 흔드는 이를 본다.

쉼이 숨이 되던 순간을 떠올린다.

잠시,

머문다.

악장을 거닐고, 흔들리고

이부자리 위로 안온한 빛이 번지고

천천히 어루만지면
뭉근한 어둠은
바이올린 위에서 뒤뚱대는 활처럼 남아
지난밤을 꿈의 뒤편에 놓고

불과한 일이 되지 않으려는 듯
아침은 열리고

문 앞에서, 잠시
고갤 숙이고 생각한다
발밑에 보이는 길과 이어지는 세계에 대하여

끝이라고 말하고
끝이 아니라고 말하는
당신이
저기 어디쯤에서 뒤돌아 있다

언저리에 스치는 바람
나는 다만, 비탈진 거리에 닿고

한 장 한 장 꽃잎을 세듯
악장을 거닌다
옛 성과 광장, 주변의 시장을 넘나들며
쥐었다 놓는 다정한 속도

걸음을 붙잡는 한 점 그림 앞에서
종이, 노을빛 물결처럼
종이 울리고
뛰어노는 어린아이의 가쁜 얼굴을 마주한다

저처럼 나는
환호할 수 있을까

묻고

묻는다

다시 종이 울리고
우두커니 선 채
머문 자리를 본다
슬픔을 제 밑동에 갉죽거리며
무디어 가는 나를 본다

그곳에
내가
살아 있다

2부
없는 마음을 헤아리려는 듯이

당신이 아닌 나는 누구입니까

다음을 내려놓으니 미처 흐트러뜨리지 못한 울음이 맴돈다. 아직 벗어나지도 않았는데 빈방에 적막이 고인다.

발치에 들이친 햇볕이 차가워 내민 발을 거둔다.
가끔은 밀고 나갈 때도 있다. 몸을 바닥에 가깝게 붙이고 들숨으로만 미끄러지는 고양이처럼
가장 어울리는 자세를 흉내 낸다.

고양이는 산책하면 안 돼요.
영역을 벗어나면 녹아 흘러 버릴 거예요.

두 손을 모아 기대를 감싸 쥔다.

열이 전도되는 양을 내려다보다가 마른세수를 한다.
지워지지 않는 얼굴을 가리지 못한다. 그루밍을 하듯 머리를 정리하는 손가락이 자연스럽지 못해
가만히 지켜만 본다.

불안하다는 말은 하지 않기로 한다. 그저 걷는다, 나아간다, 날아간다, 점점 속도를 높인다. 빠르게. 누구도 찾을 수 없는 곳으로 수풀 속으로 밤 열매가 수북이 쌓여 핏물이 흐르는 붉은 밤 숲으로 아직 떠나지 못한 채,

어두워지면 움직이기 시작할 거예요.
밥그릇이나 물그릇을 뒤엎더라도 당황하지 마세요.
그저 여기 있다는 걸 알리는 신호일 수도 있으니까요.

자신을 품에 담지 못하는 것은 당연하다고 생각한다. 최선이 악수가 될 수 있다는 것을 안다. 넘어지지 않으려 조심하지만 헛디딘 것을 부양이라고 믿는다. 텅 빈 마음을 고양이라고 여긴다. 그렇지만

당신이 아닌 나는 누구입니까. 간절한 질문이 문 바깥에 맺힌다.
부서지고 망가진 채 너절함에 있다, 당신은, 나는. 나와 당신은

어디에도 없다.

집 안의 문을 닫아 두면 안 돼요. 온통 상처투성이가
될 거예요. 그악스러운 자국이 고양이의 발톱을 파고들
어 안에서부터 곪을지도 몰라요. 그렇다고 바깥을 내어
줘도 안 돼요. 어쩌면 이미 깊어졌을지도 몰라요, 당신과
나로부터 열렸던 문이니까요.

공평하게 어디에도 없던 것이다. 파묻힌 기억을 들춰
내는 오류로부터
잠시 젖어 있던 것이다.

빈 울음을 삼키는 고양이를 안아 든다. 발톱이 가슴
을 파고든다. 어깨 너머의 문을 향한 지금은 없는 마음
을 헤아리려는 듯이,

놓치지 않는다.

에스퍼맨과 데일리

1

옆 구르기를 하곤 양팔을 벌려 하늘을 떠받들어도
변하는 건 아무것도 없다.
어디선가 나를 보는 이가 있나,
싶어 두리번거렸다.
연속된 실패가
오므린 입술 사이로 휘파람을 불었다.
물기를 머금은 바람이 눈앞에 맴돌았다.

특촬물은 일본에서 왔다고 들었다.
엊그제 문방구에서 주운 책받침을 신발주머니에서
꺼냈다.
우그러진 책받침엔
희끗희끗한 얼굴이 있고
레이저 빔의 빛나는 환희와
스판덱스로 가린 멍과
물집이 돋은 손과
감전된 우주 괴물과

우스꽝스러운 리액션과
성실한 폭력으로 파괴된 지붕 밑에
다정한 가족이 있고

잿더미에서 매캐한 웃음소리가 들린다.
매일이 발치에 쌓이고
이내 버려질 것들을 훑으며
허물어진 집은
능청스럽게 시간을 건너온다.

2
구멍 난 창호에
한쪽 눈을 가져다 댔다.
안마당에 앉아
내던져진 밥그릇과
상다리를 줍는 이를 본다.
지하수를 받아 놓은 대야에 하얀 달빛이 넘치고
빛을 내는가 싶다가도

빚을 내는 데 익숙했다.
부려 놓은 것들을
말끔히 치우고
치운 자리에
자신을 가라앉게 두는
그녀가
매일 하는 일이란
그런 것이었다.

그녀는 어느 날 대문을 열고
쏟아지는 밤 속으로 들어갔다.
호우에 잠긴 그녀를
바라보던 내가
하마터면
휩쓸려 갈 뻔했다.

3
일기를 꺼내

어려운 통증을 매만지는 일은
이십 년쯤 뒤의 일이라서
숨바꼭질하듯 매일을 적어 놓았다.

영구도,
영구적인 것도
없다.

솎아 낸 말들이 안마당에 흐드러지게 피고
눈을 깜박이면 아무것도 없어
나는
방에 갇혀
성급하게 자랐다.

창호에 구멍을 좀 더 크게 냈다.

틈은 안으로만 새어 들었다.
안에서는 바깥이 잘 보이지 않았다.

강화

— To be continued

해가 지면 오락실에 가곤 했다.
딱딱한 의자에 앉아
조이스틱과 버튼 사이에서 허둥댔다.
축축한 손바닥을 바지에 훔치면
비릿한 쇳내가 솟았고
얕은 기침이 어깨에 쌓였다.

YOU LOSE CONTINUE?

오십 원짜리 동전을 넣고 또 넣었다.
다시 시작할 수 있다는 기대가
여지없는 패배로 길들었다.

빈 주머니에 두 손을 넣고
오래 망설였다.
캄캄한 모퉁이에서
허물어진 계절을 지켜보았다.

*

바람을 타고

울음이 진다

떠밀려 잠긴 낮과
밤이
바닥에 적힌다

더듬어 보면

불온한 어른으로 자란 내가
길거리에 누워 있고

봄에서 봄으로

짙어진다

집에는 집이 없다

늦된 잠에서 깨어 문 앞에 선다
어느 곳으로도
갈 수 있지만
문을 열면
바깥이 있고
나는 아무 데도 없다
나무 그늘에 숨어
꿈쩍도 하지 않는 슬레이트 지붕 아래
안은 자꾸만 비어
시간을 앙상하게 한다
그것은 오래된 소풍을 기다리는 마음이라서
나는 모른다
덩그러니 남은 침묵이 벽에 매달려
서서히 낡는다
떠난 이들의 소식은 들려오지 않는다
웃자란 집에 손차양을 친다
빛이 고이고
누구도 돌보지 않는 하루가

그림자를 드리운다

나는 아무 데도 가지 않는다

마흔셋
— 국지성 호우

무너지지 않기 위해

견딘다는 것은 기억을 잃는 것보다 어려웠다

헛디뎌 넘어진 자리

무른 바닥을 쓸며

깊은 구렁을 내고

뒷문을 내고

너를 붙잡고

안간힘을 썼다

들이친 미래를 채울 수 없어

지극한 비애를 편애하며 그르치곤 했다

스물세 해 남짓

수의를 입은 달이

떠날 채비를 하고

쓸려 간 것들이 물안개에 얼비치고

불면의 밤에 있다

아들아,

빈집의 빈 벽을 잊고 즐거운 여행이 되길 바란다

파시

　일몰이 아름다운 동네라고 찾아오는 사람들은 처음
부터 아무것도 보지 못했다. 골목을 뛰어가던 아이는
죽을힘을 다해 다정한 얼굴을 떠올렸다. 이미 늦은 오
후였고 햇살은 그치지 않았다. 마주치는 어른이 있다면
정강이를 걷어차리라고 다짐을 했다. 조금씩 허물어지
는 잔풀들이 만선의 깃발처럼 흔들리지만 아이는 만선
을 본 적이 없었다. 다만 야적장을 에돌던 어른들이 들
고 있던 만장이 무엇인지는 알았다. 돌이켜 생각해 보면
갯벌에 빠진 발을 빼다 운동화를 잃었던 것부터 잘못이
었다. 아이는 그저 버려진 어망을 꺼내려 했을 뿐이었는
데, 머리를 쓰다듬어 줄 때면 아이는 이불을 덮고 조금
더 누워 있어도 될 것 같은 기분이었다. 다정한 얼굴은
감은 눈에만 어리었다. 이를 사리물고 아이는 흘러간 길
을 따라 시들었다. 바스러지는 담벼락에 등을 기댔다. 햇
살은 그치지 않았고 잃어버린 걸 다시 찾기는 어렵기만
했다. 다리가 휘청하여 넘어질 뻔했다. 소용없는 일인 줄
알면서도 나쁜 생각을 떨치기 어려웠다. 빼곡한 골목이
자꾸만 저쪽으로 아이를 밀어냈다.

핀홀

두고 온 것들이 검게 녹는다

잿빛의 한복판에 선
그는
아직 일어나지 않은 일과
천천히 감기는 눈을
가늠하느라 밀려나는 세계를 돌보지 못한다
엉망인 채로 주먹을 쥐고
그을린 마음이라고 중얼거린다
바깥을 다독이는 일을 몰라
그는 다만
헐거운 뒷모습을 앓는다
먼 곳을 향해 무성해진다
봄비는 안개를 밟고 일렁이는,

정확한 핀홀의 찰나가 있다

용치

전설 속 잠든 용을 깨우는 건 위험합니다.

바다를 건너는 배, 찢겨 부서지는 몸, 사이를 뛰는 사람과 푹푹 빠지는 다리와 하나둘 쓰러지는 머리와 까무룩 잠든 채 활강하는 갈매기가 수북합니다. 씹어 삼키는 일은 한 번도 한 적 없는데 검게 탄 이를 소금물에 닦아도 시원치 않습니다. 탁한 숨을 내뱉는 조개와 다닥다닥 붙어 발을 구르는 파도가 콘크리트 더미에 엉켜 있습니다. 오래전부터 그랬습니다. 경계를 넘어 밀려들던 버린 마음, 부딪힌 파란 하늘이 하얀 물거품으로 흩어집니다. 일어날 일은 일어나지 않습니다. 지루한 전쟁이 끝나고 용의 이빨이 있습니다.

섬이 밀물에 잠깁니다.
참으로 아름다운 풍경입니다.

다독이다

날은 맑고 섬이 있었다. 어디서는 아침이 밝아 온다는 데 물길 끊긴 섬에서 나는 어둠을 주워 삼켰다. 뭉근하게 차오르는 소금물이 입안에서 맴돌았다. 가장자리가 붉게 타다 낙심한 가로등에 몸을 뒀다. 썰물을 따라 뱉어 낸 깊이를 건져 낼 수 없다. 자정에 가까운 빛이 그림자를 드리웠다. 사람들은 제자리를 찾아 이미 떠났다는 데 당신은 어디서 무엇을 하고 있나, 눈물이 흐를 것만 같다. 아직 오늘이 끝나지 않았다. 아무렇지 않아 우리는 이후에 만날 것이다.

한참을

자욱하게 있었다

막다른 길

막 다다른 길
바닥에
적혀 있다,

막다른 길.

자신을 책망하면
그만일 수도 있지만

제법 그럴듯한 확신은 믿는 게 아니라지만

주머니에 든 손이 단단해서
울먹이지 않는다.

한낮의 빛이 그림자에 고인다.
한 발 내디뎌 빛을 훑는다.

막 닿은 길

안쪽에도 사람이 산다는 걸 안다.

그저 막 다른 길로 들어선 거라고
다독이는 마음이라고
생각한다.

길을 뒤적여 다음으로 건너가는 것.
너머로 한 번 더 스미고
헤아려도 된다는 것.

그래도 된다는 것.

막다른 길이 따뜻해서 잠깐 쉬어 가도 되겠다.

별의 안부

풀린 동공의 검은 하늘에서 기억을 긷는다

나란히 눈을 맞추며
한 움큼의 몸을 맞댄 첫날부터
사그라드는 박동에 손을 얹은 끝 날까지

조각 빛을 나누어 베고 웅크린 시절로부터 빼곡한 날
들이 저마다의 이야기로 충만하고
서로의 온기를 나누어 품던 둥근 모양으로
네게 물든 내가
너일 수도 있겠다 생각했다.

고스란히, 담아낸
무해한 시간들

완전하다고 믿는 관계란 따로 또 같이 있는 마음으로
각자의 공간을 내어 주며 우리로 잇는 일이란 걸

너로부터 비롯하여 덧댄 전부라서
문을 열고 바깥을 포개어
볕의 안부를 건네려 하면서도

속절없이, 돋아나는
간절로

무지개다리 너머로 향하는 나를 바라지 않는다는 걸
알면서도
빛을 끌어모아 검은 하늘을 열고 싶은 마음을
또 어쩌지 못하고

네가 있던 침대 귀퉁이에서
간직할 수 있는 것들을
훑는다

아직 살아 본 적 없는 날들 사이로
잘 자, 라는 말이 투명하게 우리를 비추고

멀어지지 않는다

헤테로토피아

바깥이 생생해서 게워 내는 일은 어렵기만 하다. 다만 오래전의 나를 기억할 뿐, 구석을 맴도는 생활을 삶의 전부라고 믿었다. 문은 안쪽에서 닫혀 있고 나는 너머를 잊었다. 반복되는 정형의 카테고리에 속한 채 더 해볼 수 있는 것이 없다. 빛이 들지 않는 곳에서 이불을 뒤집어쓰고 망설인다. 균형을 시작할 수 있다. 침대 위에서 비틀대는 걸음에 걸려 넘어지더라도 뛰어내릴 수도 있다. 뒤틀린 다리를 건널 수도 있다. 그러나 초침의 속도에 밀려 기울어지는 몸을 어쩌지 못한다. 수도 없이 되풀이되는 세계의 약속을 믿지 못하는 나는 늙은 고양이의 몸으로 있다. 너의 곁에서, 너와 나란한 채로. 우리는 서로의 눈을 열고 또 닫는다. 그것을 사랑이라고 말한다. 내일의 삶이 머뭇대는 방으로 달이 뜨고 해가 진다. 너는 낡은 그릇에 비린내를 담아 건네고

사양하지 않는다. 나는, 늘.

만석

봄빛을 닮은 가난이
차곡차곡 쌓인 움막,
오래된 아침과
이른 죽음이
맞부딪는 곳,
그곳을 자꾸만 찾는 사람이 있어요
마음이 녹아 비가 된 그는
시린 날을 묻고 있대요
낮게 산다는 건
손을 잃는다는 거라는데
하늘은 빛나고
땅은 질펀하고
뱃길은 끊겼어요
앞을 가늠할 수 없어
오래 머무를 수 없대요
건너편에서 가지런한 그림자
피어오르고
바쁠 일 없이

바삐 솟는 집들
빈 주머니 빈 몸으로
짊어지고 사는
사람들
귀퉁이로 흐늑흐늑 날리는
마음이래요

3부
너는 고작으로 살아왔구나

대기의 강

제 몫의 우산을 기다리는 아이가
천변을 걷는다

풀 위로

허리가 베인

풀
위로

비는 쏟아지고

적요한 걸음에 놓인
무성한 층계참

날카롭게 긋는

물비린내

넘실거리며

밀려난 이들의
빗금 친 얼굴 사이로

일렁이는 그림자

둔한 발끝과
저물녘 강물에 끓어 넘친 삶과
붉은 터널과 기록적인
폭우

멈추지 않더라는 닫힌 결말을 상상하며

젖은 몸을 뒤집어쓴 아이가
납작한 거울 속에서 모르는 이름을 줍는다

완만한 깊이로

잠든 물빛과
기다리던

꿈의 얼룩

외면한 채 질척거리는 여름과
뒤틀린

이후의 필연

쾌청한 날을 알고 있던 아이가
기울어진 우산 너머에
있다

가을, 인지적 부조화

충충이 펼쳐진 빛의 이름을 구분할 수 없었다.

비스듬한 나무로부터 뻗어 나온 가지가
허방을 짚는 손이
짓물러 흐르는 일이란

한쪽 끝과 다른 쪽 끝을 잇는 낭떠러지라서
비틀거리기에 충분하다.

같은 방향으로 비치는 그늘에
발이 걸려 넘어질지도 모른다고 생각한다.

사위가 짙고
꿈을 꾸던 낙엽들이 쌓이고

아무런 소란도 일지 않아
태연한 이들이 기분을 들고 서성인다.

저마다의 표정으로 자신을 가로지르는 계절처럼

그저 하던 일을 하기로 한다.

계절의 경계

가을이었다지
잠자리가 길을 찾아 길을 내고
고양이가 풀밭에 누워 볕을 어루만지던

시의 조각을 헤매던
나는
슬픔을 겨우 길어 올려
다신 없을 한때를
흘려보냈지

머문다는 것을 알지 못해
직선에 베여 움츠러들곤 했지

낙엽 그림자 짙어지면
눈 밟듯 조심스레 무게를 달아
부스러지는 바닥을
부려 놓았지

부유하는 먼지에 부딪혀 피 흘리는 빛처럼
구절초 망울에 물들어 웅크린 비처럼
다만의 기억을 훑기만 했지

부러 그랬다지

기워 놓은 안간힘을 들키고 싶지 않아
주름으로 눈을 가렸지

잠자리가 넓게 펼쳐 놓은 하늘길 조각들을
고양이가 나른하게 그러모으는 가을

명랑을 가장하는 계절이 무르익어 가고
주워 든 것들이 무참한 질문으로 쏟아지고

겨울의 경계 앞에서 조금 더 머뭇거릴 따름이라지

모래사막의 겨울

빛은
천천히 내려앉아
바닥의 높이로
절반의 몸을 어루만졌다.

나는
마모되었다,
는 말을 자주 들었다.

납작한 발자국이 자꾸만 길게 누워 희미해지고

나머지 절반은 겨울에 갇혔다.

*

    검은 빙하가 떠내려간다. 그것은 작고 고유하며 시간
을 쌓아 올린 등대 불빛이 가닿은 끝의 세계로 향한다.
그곳으로부터 비롯된 회색빛 노을 만개한 하늘에 투명

한 사람들이 새겨져 있다.
  촘촘한 틈새로 그들이 녹아 흐르고
  오래된 악취가 선명하다.

  *

  영영 마주할 수 없는 무언가를 나는 항상 놓쳤다.

  등을 켜니 어두워졌다.

  모래사막에 밤이 시작될 거였다.

열역학 제2법칙

어제 나는 너와 만나 우리가 되었고

잡은 손을 기울여
서로의 바닥을 짚었다

무른 마음에 멍울이 흘러내리고

우리의 결을 따라

오랫동안
스며
우주가 생성되던 날
로 이어질 수 있다지만
무수한 배열을 이루며 안정된 혼란을 향한다

내일 우리는 나와 네가 될 것이다

열이 조금 나고

무질서가 증가하고

엎드려 읽는 나날의 바람은

한결같은 모습으로 길을 낸다

그러므로 너와
나의
우리가

고개를 돌려
아직 잃지 않은 시간을 어루만진다

오늘의 테이블은 정리되어 있다

무단 횡단

안전 펜스 이쪽에서
저쪽을

공들인 생활에 떠밀려
미끄러지는 벌이를

속수무책의,

그저

봅니다

숨을 죽이고

깊은 그늘에 삭아 가는 시간의 바깥을

수북한 체념을

한참 들여다보며
안도합니다

늘
그렇듯,

어김없는 반복에는

말갛게 흐르는 눈물이 있고
희부연 웃음이 있습니다

아득한 깊이로 이곳의 삶은 여전합니다

건너지 않습니다

애를 씁니다

지나가길 기다립니다

궤도

오늘은 다른 길로 가야지
싶다가도
늘 가던 길로 가는 사람이 있다.

건널목을 건너려다
어느 쪽도 상관없다고 생각하지만

저편 플라타너스와 은행나무 사이
이삿짐을 실은 트럭이 있고

겹쳐진 시간으로 상자들이 분주하고
모서리가 짓눌린 채
조금씩 어긋나고

남겨진 자리가 짙게 저물어
헝클어지지 않게
조심하며
발을 딛는다.

너무 먼 곳으로 가지 않기 위해
다음의 다음을 겪어 내며
반복된 하루를 앞질러 걷는 사람처럼

그늘진 바닥이 흥건하고
어지럽고 어려운 방향이 머물러 있다.

좀 더 넓은 쪽으로 나뭇잎을 쓸어 내다
구부러진 마음을 밟는다.

아프지 않다면 그건 거짓말이겠지만
멈출 수 없다는 걸 안다.

볕에 잠긴 사람이 까마득하다.

냉담

두 손을 모을 땐
낯선 이와 인사를 하거나 연인과 깍지를 끼거나
로또를 맞출 때

처음 보는 이의 손이 따뜻해서 깍지를 끼고 싶었다 그
러려면 로또에 맞아야 했고

낙첨된 종이로 배를 접어 띄우면
욕조가 없어도 평온했다 쏟아지는 물줄기에 솎아지
는 운은 불쾌하지도 않았고

넘지 못할 문턱이 없어 으슥함을 으쓱하고 돌아설 수
있다 침대가 여기에 있다 누워 뒹굴 수 있다 쉽게 까먹
을 수 있다 하루를 이틀을 일생을

나가려면 나갈 수 있다 거울을 보고 매무새를 점검할
수 있다 뒤통수에 매달린 창문을 열어젖힐 수 있지만
고해소 창문 너머로 누군가의 죄를 목격한 이후로 나
는 나에게만 말한다 한 손을 가슴에 얹고

말씀을 듣는다

엉망진창이구나
괜한 헛심 쓰지 말아라

사람이거나 귀신이거나 손을 생각하지 않는다

두 손을 모아 버릴
쓰레기통만 찾으면 될 일이다

누가 앉았던 소파가 비스듬하다

　세 식구가 이른 아침을 맞느라 분주해요. 벌써 둘째 날인데 설렘보단 영영 찾지 못할 일부를 떼어 놓은 기분이에요. 보풀을 떼듯 툭툭 털어 내면 그만이라지만 망가진 소파에 유리 테이프를 붙여 놓은 것처럼 맑게 비친 자국은 정갈하지 못해요. 지하철 안내 방송을 들으며 문이 열리기를 기다리는 일은 못 할 일이 되어 버린 걸까요.

　창밖으로 손을 뻗으면 나뭇가지가 잡혀요. 툭툭 분지르며 오늘을 짓이겨요. 엄마 아빠를 따라 몸을 챙겨 입어도 학교에 가지 않는 하루가 자꾸만 분주하고 햇빛이 닿을라치면 그림자 뒤에 옹기종기 숨어 서로의 손금을 어루만져요. 그러다 보면 모두 지워지고 창백해지고 저릿해져요. 여기가 펜션이라면 좋겠어요. 그럼 얕은 잠에 취해 나른하게 누워 있어도 한 소리 듣지 않을 테니까요.

　하지만 버리고 온 게 아니라 버리러 온 거랬어요.

깨진 창으로 해맑은 빛이 쏟아져요.

나뭇잎이 반짝여요.

저 빛은 누구 것일까 생각하지 않아요.

세 가족은 소파 아래에 숨어요.

아무도

찾지 못했으면

좋겠다,

고 말해요,

어서.

약속된 우리

당신이 떠나고

두 손에
흰 구름 소복이 담는다

잔잔한 바다
물안개

바위 위로 정성스레 번진다
저물지 않는 흔적은
누대에 걸쳐
차오르고

느긋하게 풍랑을 기다리는 한낮이
무더기로
피어 있다

이번 생은

방죽 아래 누워
하늘을 꿈꾸기로 한다

이미 오래전에 벌어진 일이다

한 줌의 일상

빛이 안쪽으로부터 에돌아 번집니다.

지긋한 시간을 견딘 철제 의자에 걸터앉아 너머를 바
라보는 노인의 어깨 위로
그늘이 집니다.

낯선 생의 골짜기를 헤집는 빛은 찰나의 영원으로 머
물고

미간에 뭉친 오래된 걸음을 옮기는 약속처럼
낡은 노을의 신비와 미처 삭지 못한 한숨과 지속되는
혼곤한 졸음 사이로 나풀대는 날벌레의 날갯짓이

겹겹의 풍경 안에서 서로를 스치고

망설이기만 했던 꿈의 낱장이 어지럽게 널브러져 있
습니다. 허리를 숙여 더듬는 손은 마음의 덧창에 베여
흥건합니다. 한때는 사랑이라 믿었던 그리움이 한 줌의

재로 흘러내립니다.

넌 고작으로 살아왔구나.

다정의 경계를 다만이라고, 뼛속까지 시린 어제를 겨
우라고,

분명하게 무른 쇠락의 계절처럼 삶의 한복판을 맴돌
며 구겨진 다리를 움켜쥡니다. 무뎌짐을 이해하는 일은
매번 어긋나는 혼잣말이 되어 조등이 걸린 언저리를 벗
어나지 못합니다.

천천히 자리에서 일어나 길을 되짚습니다. 지켜야 할
오늘이 있다는 듯 빛을 그러모읍니다.

바람도 없이 골목 모퉁이가 휘청이고
노인이 거기 그렇게 있습니다.

가위
— 폭설

눈이 내린다

창 너머의 일이라고
나뭇가지에 맺힌 눈꽃이 아름답다고

눈 위로
눈이
쌓이고

나뭇가지가 부러지고
나뭇가지 위로 눈이 덮인다

덮인 눈 위로
눈이
쌓이고

온도를 조금 더 높이고
춥지 않아 다행이라고 생각한다

창에 맺힌 물방울을 걷어 낸다
지난여름의 유리 테이프가 겨울을 앓는다

평범한 일상을 앓는다

엎드려 운다
겹겹이 운다

운 몸 위로
숨이
물리고

손을 뻗어 맨 처음 내린 눈을 위로 당겨도
창에 갇힌 지문만 녹아 흐를 뿐

네 몸 위로
네가

내리고
네가
쌓이고

네가 없는
창 안에
나는
머물러
있다

무너진 것이 무엇인지
이제야,

강화
― 절취선

좁은 길을 따라서 오래 걸었습니다.

빗금을 몇 개 긋고
사이에서 미끄러지기를 여러 번

집은 언제나 멀리 있습니다.

접으면
접힐지도 모르겠지만

깊고 느린 바닥을 망설이는 내가
문을 서성입니다.

한평생은 아직이라서
닿지 않는 것이 좋겠습니다.

화수

수평선을 약속했던 네가 여기에 있다.

물 위에 꽃을 피우며 파도의 꿈을 갯벌에 묻고 있다. 돌아와 정박한 것이 아니라 떠나려는 것이다. 조금씩 멀어지려는 것이다. 부두의 불빛을 집어삼킨 밤, 출렁이는 숨을 깊숙이 감추고 네가 여기에 있다.

홋줄에 매달려 삭아 부스러지는 동안 아스라이 희미해지는 창백한 시간. 미처 감싸지 못해 흩어지는 저녁놀처럼 무너지는 안쪽을 깁지 못해 비틀거리는 고목처럼 한 시절 화려하게 멍들다 가라앉은 도시의 영원처럼 구석진 자리에 웅크린 네가

잠시의 여분으로 한없이 번지는 바깥을 연다. 멀리 더 멀리. 내쳐진 마음에 물기를 채우곤 저쪽으로 풀어지길 기다린다. 바다의 뒷면을 향한 네가 조심스럽게 물길을 겪으며 여기에 있고

여기에 없다.

4부
깃들지 않는 오늘의 귀퉁이

까치밥

난간에 매여
있다

분명한 계절이
적설積雪에
젖고

우리와 어울리지 않았다

의자를
열어 두니
내려다보기에
좋았다

동백

불꽃이 벽을 타고 오르는데
빠져나가는 건 연기밖에 없습니다
전소된 문 안쪽에서
가공된 언어로
예비된 두려움을 적습니다
아침이면
신문에 적힐
이름을 속삭이다
소스라칩니다
흥미로운 죽음이란 없다는
말이 바짝 마른 불쏘시개로
나뒹굽니다
주워
던져 넣습니다
떨리는 손도 함께 넣습니다
메모지에 적힌
삶은 짓무르고
아무도 다가오지 않습니다

잘 익은 밤이 잃어버린 건
껍데기뿐입니다
최초의 발화 지점
목을 맨 이가
빛으로
나아가려 해도
다만
흔들릴 뿐
더는
상상하지 않습니다
무너진 빈집이
견고합니다

골목에서

좁은 시골길을 걷는 걸음으로
골목에 들어선 때가 있다.
도시의 불빛을 피해 몸을 기울이던 곳,
낡은 탁자 위에 나를 채워
하루를 지우던 곳,
노가리에 맥주를 마신 적이 흔한 일은 아니었지만
오래된 가게에 앉아
벽을 마주하는 건
토렴하듯
삶을 데우는 마음이란 걸 안다.
잔잔한 물결에 취해 안온했고
아무 일 없다는 듯 미풍의 밤을 마주했다,

그랬다
그랬는데

미래유산이라고
백년가게라고

백 년이 지나도 배를 채울 미래의 먹거리가 충만하다
는 의미였을까.
　돈을 불리지 않는 미래는 백 년의 기약을 유산으로
만 남겨야 한다고 믿었던 걸까.

　휘황찬란한 빛으로 밤을 지우며 커다란 배가 골목을
들이쳤다.
　불리고 불어나는 파고에
　휩쓸린 골목에는
　돈이 차고 건물주가 바뀌고
　똑같은 이름이 넘쳐났다.
　채워질수록 부족해지는 허허로운 욕망이
　오래된 것들을 밀어냈다.

　*

　무제한성 속에서 분열을 깊게 하는,
　누군가가 독점한 삶은 아무에게도 위안을 주지 않는

다는 걸
노가리를 뜯으며 생각한다.
무성한 슬픔을 거둬 분노로 바꾼다고 해서
달라질 건 무어냐,
묻지만
목에 걸린 말이
맥주를 들이켜도 내려가지 않는다.
잘게 찢긴 몸뚱어리로 물살을 가르지 않을 이유도 없
지 않다는 걸
안다.
골목이 사라진 골목에서
궁핍한 탁자를
다시 세우는 일이
우리를 데우는 일이라는 걸
맞물린 목소리의 무게로
듣는 지금,

붉은 낙엽

After the first death, there is no other.
— *Dylan Thomas*

견고하고 고집스러운 최초의 죽음이 있다

아들아, 네가 에이미를 죽였지?

 반듯하게 줄을 맞춘 몇 장의 사진 속엔 내 아내와 내 아들과 내 형, 내 아버지와 내 어머니와 내 여동생 그리고 나와 견고한 틈이 있다 가족사진은 언제나 거짓말을 한다 작은 갈색 점이 박힌 낙엽이 흩날리고 넌 아무것도 몰라 내 말을 믿어라 넌 아무것도 몰라 나는 믿지 않는다,

 는 것을 믿지 않는다

네가 에이미를 죽였지?

 바닥이 보이지 않는다 진실을 알고 싶을 뿐이다 그걸 밝힌다고 해서 그게 무슨 소용인데? 장미를 기대했는데 제라늄이 피어날 수도 있다 사람들은 전부 그렇게 살아나는 내 믿음의 증거를 찾는다 네가 죽였지? 언제나 실

패하는 아버지와 다리 아래로 차를 몬 어머니, 어린 여
자의 누드를 보는 형과 여덟 살에 박제된 여동생 네가
죽였지? 나는 모른다, 알 수가 없다 가족사진을 들고 묻
는다

네가 죽였지?

　　다만 집,
　　잘 가꾼 마당과 숲으로 둘러싸인 집,
　　불륜을 저지른 아내와 살인을 저지른 아들이 아무렇
지 않게 머무는 집,
　　암세포와 같은 얼룩이 나를 잠식한 채
　　부식되는 집,
　　다만 집,

죽였지?

　　그날 밤 내가 목격한 단 하나의 죽음은
　　의심하는 나였다

* 연극 〈붉은 낙엽〉(극단 배다, 인천문화예술회관 소공연장, 2022.
4. 16.)과 소설 『붉은 낙엽』(토머스 H. 쿡, 장은재 옮김, 고려원북
스, 2013.)을 경유함.

1980년으로부터

그해, 첫 월요일에 태어난 나는 아무것도 아니었고 아무렇지도 않았지. 국민학교에 들어갈 때까지 대통령은 대머리 할아버지였고 국회 의원이라는 아저씨가 나눠 준 빵을 씹으며 뭔지도 모른 채 장래 희망으로 대통령이라 적어 내곤 했지. 전라도 놈들은 다 사기꾼이란 말을 자주 하던 아버지는 아이엠에프 시절 이젠 김대중이도 할 때가 됐다고 읊조렸지. 이듬해 알코올성 치매를 앓다가 우리나라 대통령이 누구예요, 라는 간호사의 질문에 전두환이라 답하곤 돌아가셨지. 군대 동기들과 휴가 나와 부산 서면 클럽에 갔을 때 부킹한 여자애들이 쓰는 사투리를 들으며 전라도 사투리는 평소 들어 본 적이 없다는 걸 깨달았지만 잠깐이었지. 애인과 다음 대통령 선거를 두고 견해 차이로 싸웠으나 그건 오월과는 관련이 없었고 입시 학원에서 학생들 앞에서나 깨어 있는 어른인 척 목소리를 높이며 주식 창 그래프가 따라 오르길 바라기만 했지. 뜻을 세우지도 못한 채 불혹에 닿아 용산, 안산, 강남역과 구의역, 이태원을 에돌며 숨을 삼키고만 있는 나는,

숨을 내쉬는 방법을 잃은 듯

그해 바깥에 머물며
잊지 않는다는 말을 잊지 않았다.

그러면 없는 일이 되는 것처럼
짖지 않았다.

사납고 세차게 짖지 않는 마음
에 손을 가져다 댄다.

오래된 길을 따라 부서진 안쪽이 깊은 자국으로 고인다.

그럼에도 가고 있다는 사실은 변함없이 여기 있다.

헛디딘 걸음 사이로 널브러진 나를 붙들고
계속되고 있다, 고 말한다.
오월 광주는

사월과 시월은
거듭되는 그 모든 달과 날들은

여지없는 이야기로 뒤엉키고 켜켜이 쌓여
긴 시간을 달려온 이들의 숨결을 잇는다.

의자를 바투 끌어당긴다.
불을 밝히고

무른 빛에 베인 부끄러움으로
아무것도 아닌 때로부터
1980년으로부터
다시,

쓴다.

분명한 일기

나른한 골목이 기울어 가는
옛집으로부터

아무도 알아 보지 못해 산뜻한
미래로부터

미끄러져 온 나는,

　눈에 자꾸 이물질이 든다 그것은 고양이 털이었다가
속눈썹이었다가 먼지였다가 비눗방울이었다가 가엾이
닿은 이름이 되기도 해서 눈을 깜박이기도 하고 손끝으
로 밀어내기도 하면 쉽게 잡힐 때도 있지만 대체로 안쪽
으로 말려들어 가 보이지 않기도 하고 보이기도 하고 참
별 볼 일 없지 생각해도 자꾸만 거슬리는 건 있기도 하
고 없기도 한 일이므로 눈을 감아도 보고 눈물을 흘리
기도 하고 점심에 먹은 김치찌개 냄새 묻은 바람을 후
후 불어 대기도 하고 바삐 걸어가는 사람들의 눅진한 그
늘 속에서 갈 수 없어 가게 되는 길이 눈에 덮이고 꾹꾹

밟다 보면 어느새 도착해 있어도 흥건한 발자국이 자꾸
만 뒤에 남게 되는 것이라서 어찌할 수 없이,

　　까치밥을 남겨 둔
　　감나무로

　　넣을 것 없어 익숙한
　　계절을 졸며
　　수런거리는 바깥으로

　　깃들지 않은 오늘의 귀퉁이에서
　　분주한 모락모락

일요일

구멍 난 양말을 기워 신던 날이 있었다. 지금은 지난 계절에 입었던 셔츠 사이에 넣어 분리수거 함에 넣는다. 동남아 어느 도시의 쓰레기 산 계곡에서 유해처럼 떠오를 거라는 건 생각지 못한다. 아무렇지 않게 쌓이는 물건들 속에서 추억을 톺는 일이 일요일 아침 짜파게티를 끓이는 마음과 다를 바 없다. 저녁에는 전날 냉동실에 넣어 둔 밥을 전자레인지에 5분 정도 데운다. 다른 찬을 상 위에 올려놓아 본 게 언제였는지 떠오르지 않는다. 수저는 한 벌. 파트타임으로 학원에 출강하던 날엔 옷 한 벌로 일주일을 보낸 적도 있다. 아이들은 나를 보며 귤을 닮았다 했다. 병원에 가서 점을 뺐고 작은 반창고를 얼굴에 덮었다. 긁지 않으려면 손가락에 골무를 씌우거나 벽을 두르고 가만히 앉아 있으면 됐다. 의자는 깨끗하고 앉아 생각할 수 있다. 책상 위에는 가방과 책과 프린터와 백여 개의 연필과 메모지, 유리 테이프와 물티슈와 사 년 전 문화 재단에서 받은 다이어리와 엽서, 시위에 나가 흔들었던 피켓과 크리넥스 티슈 조각과 이어폰, 샘플 화장품과 올인원 로션이 있고 엊그제 쓰다 만

시가 구겨진 채 놓여 있다. 한때는 책상이 식탁이었던
적도 있지만 고양이와 자리다툼을 한 이후로 밥은 상을
펼쳐 놓고 먹는다.

차돌 된장찌개 밀키트를 뜯어
붓고
끓이고

할 수 있는 일을 한다. 책임을 지는 건 이후의 일이라
지만 지구에게 미안할 때가 있다.

가장자리를 따라 찢어진 구멍에
몸을 끼워 넣는다.

마침맞게 어울린다.

함박

스테이크를 떠올린다면 하루가 고픈 일이지

늙진한 몸을 식혀 단단한 생활로 이끄는 함바 말고

겹겹이 쌓인 둥근 잎 안쪽 노란 망울 맺는 미나리아
재비, 함박
폭신폭신하게 안겨 한잠 푹 잘 수 있으리라는, 함박
짙어 해맑게 주름 맺힌, 함박
수줍게, 함박

통나무를 파서 만든 바가지로 함박을 떠
둥글납작한 그릇에 담아 내어놓으면
아무래도 넘칠 수밖에

기울여 붙잡은, 함박

자주 비워 둔다 해도 가파른 몸을 어쩌지 못해

다보록한 아침을 오래 바라보다
남들처럼 아무렇지 않게

툭툭 털어 내도 되겠다

스스로의 서사

　나무라고 한다. 내가 생각하는 나무가 당신이 생각하는 나무와 다를 수 있다. 다를 수밖에 없다. 나는 이팝나무나 모감주나무를 그린다. 당신은 자귀나무나 은사시나무를 떠올릴 수 있다.

　서로의 자리를 이으려는 것부터 잘못이라 말하는 당신을 열어 두기로 한다. 잠시 머물러도 된다는 것을 알아도 물들어 가는 것까지 어찌할 수는 없다. 오래 기다린 풍경은 당신과 나 사이를 가로지르는 나무에 걸쳐 둔다.

　짙은 빛을 피해 나무 그림자를 뒤집어쓴다. 창백한 얼굴은 가릴 수 있지만 입술의 멍을 가릴 수는 없다. 서로의 말이 엮이지 않아 각자 제멋대로 흐른다. 땅속 깊은 곳에서 뿌리가 두근거리는 기분이 든다. 테두리를 만들어 얼마만큼의 공간을 마련하고 싶다. 당신은 듣지 않는다.

　당신의 나무가 멀어진다. 얇게 벗겨져 바스러진 수피

로 그 자리를 채운다. 딛는 곳마다 닳는 소리가 난다. 분별없이 부풀어 오르는 구석을 공들여 삼킨다. 응고되지 않는 최선이 안쪽을 긁는다. 흉터를 내보일 수 없기에 독한 향을 퍼붓는다.

나무가 굴절된다. 그늘을 따라 웅덩이가 고인다. 물러서는 일은 없을 거라는 말이 잠긴다. 조용히 겪어 낼 따름이라고 외친다. 흐릿해지는 언어가 나무를 흔든다. 그림자가 흔들린다. 괴사하는 나무를 손에 쥐고 시간을 견딘다.

쓸모없는 일이라고 당신은 생각할 수 있다. 잠시의 곁을 나무의 다른 이름으로 생각할 수도 있다.

나는 차이가 만든 삭흔을 다정하게 받아들이기로 한다. 그것을 끌어안고 나무라고 한다.

숲이라고 한다.

다시 시작하는 하루
— 세월호 참사 10주기를 추념하며

가로등 불빛에 기대어 누워 있는 이의 곁에 나란한 적
이 있다

언제부터였는지 알지 못한 채
다만, 내 안에 거듭 깃든 날들이 능숙해지지 않아 다
행이었다고
생각했다

그로부터 멀리 왔다고 믿었으나

녹이 슨 벽을 쓸다가
텅 빈 창 너머

고요한 바다를 본다

세월이 깊다, 는 말의 언저리에서 겹겹이 쌓이는 숨의
밀도와

보이지 않는 난간에 쓸려 컨베이어 벨트 위로 밀려난 몸과 무성한 골목에 갇혀 쓰러지고 지하 차도에 잠겨 웅크려야만 했던 이들의

꺼져 가는 빛이
거기에
여전하기에

무너지고 그렇게 또 쏟아져 내린다

그러나 있는 힘껏 끌어안아 본 적 없다는 걸
슬픔의 언저리에서 치댄 시간을 헤아리며 덧나는 마음을 어른다

견고하게 다져진 채 밀려드는
충충의 다음에 휩쓸려 도무지 어찌할 수 없더라도
저 고요를 깨우지 않을 수 없다는 걸 안다

텅 빈 창 너머로 손을 내민다

보이지 않아도
계속된 길을 낸다

그 길에 나란한 손이 있다는 걸 안다 잊고 있던, 그럼
에도 잃어 본 적 없는 이가

있음을 안다

앞서거나 뒤따르던 그림자 차양 삼아
곁을 끌어안는다

여전한 그늘을 기워 입은 채
걸려 넘어지더라도

다시 시작하는 하루에 발을 들인다

파인 다이닝

라면을 좋아합니다만, 가끔은 테이블을 앞에 두고 눈을 감곤 합니다. 조각 이불을 덮은 자그마한 한 접시를 그립니다. 포크와 나이프를 어찌해야 할지 모른 채 망설이는 저는 어리숙합니다. 오티티에선 다들 날렵하기만 한데 제 오른손과 왼손의 감각은 날이 서 있을 따름입니다.

이븐한 익힘 정도는 고려합니다. 고르게 익는 것을 기다리는 시간만큼 평화로운 순간이 없으니까요. 게다가 저를 떠나서 누군가를 덮일 정도의 폭신함이 있었으면 좋겠거든요. 물론 조금 붙기도 할 테지요. 한참 기다리다 보면 목이 길어지듯이요.

오늘의 킥은 가니쉬에 있다고 합니다. 사실 뒷면에 적힌 대로만 요리하지요. 전문가는 다를 테니까요. 그래도 종종 고민할 때가 있습니다. 스프를 먼저, 아니면 메인을 먼저, 이건 찍먹과 부먹 혹은 짜장과 짬뽕의 고뇌가 아닐까 싶습니다만, 파슬리나 레몬 조각을 얹어 매콤함을

잡아 내는 게 아니라면 제 미뢰는 섬세하지 않아 다행이라고 생각합니다.

 젓가락을 높이 듭니다. 숟가락으로 받친 허기가 볼품을 지닙니다. 하얀 윗옷에 핏방울이 번집니다. 어차피 눈을 감고 있으니까 괜찮다곤 해도 정교한 기품을 미처 당하진 못하죠. 우아함은 제 몫이 아니라는 듯 수줍게 번집니다. 때론 불가피할 때가 있습니다. 정돈된 세계가 한순간에 무참해지기도 하잖아요.

 넘기는 것과 삼키는 것은 다르다고 합니다만, 꼭꼭 씹을 겨를도 없이 녹아 흐른다면 좋겠습니다. 어두컴컴한 길을 따라 고요히 흘러 닿는 곳에 마음이란 것이 있을 테니까요. 손쉬운 방법은 없다고 합니다. 그저 진심을 다하는 과정이 무심합니다.

 눈을 뜨면 여전한 테이블과 차림이 있습니다. 훌륭한 식사였다고 전하고 싶습니다. 나눌 수 있다면 더 좋았겠지요. 미리 한 연습이라고 생각해 봅니다. 한 접시에 담긴 시간을 건네는 날이 올 테니까요. 나중을 알긴 어렵겠지만

문을 열어 둔 채

개수대에 비친 얼굴을 가만히 바라봅니다. 아무래도 헹굴 무엇이 필요하네요.

환상통

쓰레기를 들고 계단을 내려갔다가
더 많은 것들을 짊어지고
계단을 오른다.

누군가 다가와
쓰레기는 어디에 버리는 거냐,
고 묻는다.

나는 어깨를 으쓱하며
빈손을 보여 준다.

어제는 공항 출국장 앞에서
떠나는 걸 망설이는 꿈을 꿨는데

오늘은 멀리서 지나치는 것처럼
다만으로 있다.

쏟아질 것만 같아 그만두기로 한다.

아저씨, 왜 나만 보면 웃어요?

빛이 스며듭니다.

풀어진 아침이 거울에 비치는 참에 안녕을 두지 못합니다. 오늘을 멈춘 것처럼, 아무도 없는 구석을 망설입니다. 허술한 표정을 들키지 않으려 뒤척입니다.

깊이란 것이 있습니까. 병을 한꺼번에 앓고 고스란히 머문다는 것을, 여기지 않습니까. 안쪽까지 밀려드는 불리한 말은 하지 않기로 합니다. 벗겨 낸 아이스크림 껍데기가 무심코 쓰레기통을 벗어납니다.

아무렇지 않게 정원의 계절이 멈췄습니다. 포스트잇에 적어 둔 고백은 함께였던 적이 없었던 것처럼, 흩어집니다. 다만, 웃습니다.

눈이 부셔 아무런 일도 일어나지 않았습니다.

언젠가 끝이 나겠지, 만

빛을 밟고
떨어진 잎사귀를 가만히 바라봅니다

청중들은 하나둘 무대 위로 오르고 종이 울리고 사
위가 고요해지고

폴로네즈 사단조, 쇠락한 정원의 오래된 향을 따라 살
펴 집는 피아노가 당신을 짚을수록 자꾸만 지워지는 당
신은 당신의 이야기 속에서 불안해집니다 일곱 살 노쇠
한 기억이 자욱하여 한때 놓아 버린 귀퉁이의 다정을 진
작에 예감합니다 감싸 쥔 마음이 프렐류드의 빗방울로
쏟아져 내립니다 일렁이는 뱃머리, 죽음에 가까워지는
체온을 누설하며 이후의 당신은 이전의 당신 안에서 이
미 무성해지고

환희로 가득 찬 연주 홀, 빛을 머금은 소리 입자가 당
신의 언저리를 맴돕니다

울먹한 이유를 알 수 없어 손뼉을 치다 닳아 버린 손금을 봅니다 괴어 둔 어제가 언젠간 끝나리라는 걸 알면서도 오늘은 아니라는 걸,

당신은 기울고 있습니다

빛의 수선공

김다솔(문학평론가)

빛의 수선공

김다솔(문학평론가)

1. 가위를 든 시인

『빛그늘』은 이병국의 세 번째 시집이다. 『이곳의 안녕』[1]과 『내일은 어디쯤인가요』[2]를 경유하여 이곳에 이르다 보면, 가위를 손에 쥔 채 서 있는 한 사람을 떠올리게 된다. 『빛그늘』뿐만 아니라 시인이 펴낸 모든 시집에는 「가위」 연작시가 실려 있다. 그만큼 가위는 시인의 시세계를 관통하는 중요한 시적 이미지라고 할 수 있다.

감당을 담당해야 하는 이가 길 위에 서 있다
서로를 매듭으로 묶고
한 걸음에 한 모금씩 금지를 풀어 보려 한다
단번에 끊어 내고 싶어도
허락된 것은 한 걸음
그리고
한 걸음
그리고

---

1 이병국, 『이곳의 안녕』, 파란, 2018.

2 이병국, 『내일은 어디쯤인가요』, 시인의일요일, 2022.

좁아지는 날

(…)

0

아무도 손을 들지 않는다
그럼에도
그냥 아는 것이 있다

어스름의 무게로 궁극을 지운다

그러므로 졸렬한 세계를 단번에
잘라 낸다

1
.

처음부터 다시
　　　　　　　　　—「고르디우스의 매듭」 부분[3]

시인에게는 무언가를 자르는 일이 중요해 보인다. 인

---

3 이병국, 『이곳의 안녕』, 파란, 2018.

용한 시를 참고하자면, 그가 단숨에 풀어헤치려는 대상은 무언가를 "금지"하여 누군가를 "감당을 담당해야 하는 이"로 만드는 "졸렬한 세계"의 구조인 듯하다. 그러나 고르디우스의 매듭을 칼로 베어 버린 왕의 이야기는 전설에만 존재하듯이, 복잡한 세계의 문제를 "단번에" 잘라 내는 일은 사실상 불가능에 가깝다. 시인은 이러한 현실의 한계를 누구보다도 잘 아는 이다. "단번에 끊어 내고 싶어도/허락된 것은 한 걸음/그리고/한 걸음"일 뿐이고, 매듭을 풀려는 노력 끝에 마주하게 되는 것은 "좁아지는 날"과 같은 삶의 어려움이라는 사실을 확실히 체감하고 있기 때문이다.

하지만 마지막 연에서 우리는 "처음부터 다시" 모든 과정을 반복하리라는 시인의 의지를 마주하게 된다. 이제 단절을 중요히 생각하는 시인이 잘 버린 칼과 같이 크고 날카로운 연장이 아니라 가위를 선택한 속뜻을 가늠해 볼 수 있을 듯하다. 가위는 매듭을 단숨에 끊어 낼 만큼 강력하진 않지만, 오히려 그런 평범함 때문에 일상 속에서 끊임없는 단절을 만들어 내는 도구가 된다. 세계의 국소 일부를 영원히 잘라 내는 작업. 시인은 그 끈질긴 과정을 지속하기 위해 자꾸만 가위를 쥐는 것이 아닐까.

2. 몸의 가난, 열리는 신체

반복되는 생활과 일상에서 느끼는 감각, 그중에서도 부재를 선명히 느끼는 주체의 감각은 시인의 시를 구성하는 핵심적인 요소이다. 그러나 이때의 결핍이 물질적 궁핍만을 뜻하지 않는다는 사실에 주목할 필요가 있다. 주체가 느낀 결핍이 관계를 맺을 대상이나 실존적 자유가 사라진 세계를 진단하는 감각[4]이나 현재와는 다른 미래를 갈망하게 만드는 힘[5]의 근원으로까지 확장되어 나타나기 때문이다.

이러한 생활상을 그려 내는 과정에서 시인이 부단히 강조해 온 것이 바로 몸이다. 현실을 살아가는 몸만이 느낄 수 있는 사라짐이 존재한다. 따라서 결여를 체감하는 몸은 부당하게 매듭지어진 세계를 인식하고 문제 삼을 수 있는 중요한 열쇠다. 하지만 단단하게 걸어 잠근 몸으로는 다른 존재를 온전히 인식하거나 받아들일 수 없다. 그러므로 시인에게 자른다는 행위는 자기 자신으로만 채워진 몸을 비우고, 열어젖히는 일이기도 하다. 경계가 흐려진 몸만이 바깥의 세계와 존재들을 맞아들일

---

4 선우은실, 「해설–오늘의 가난을 산다는 것」, 『이곳의 안녕』, 파란, 2018.

5 전영규, 「해설—내일이라는 미완의 가능성을 모색하는 일」, 『내일은 어디쯤인가요』, 시인의일요일, 2022.

수 있다. 시인이 자기의 죽음에서부터 출발하는 이유가 바로 여기에 있다.

「붉은 낙엽」에는 "견고하고 고집스러운 최초의 죽음이 있다". 그건 바로 "의심하는 나"의 죽음이다. 단단히 응축된 '나'의 자아는 가족과 같은 친밀한 타인마저도 끊임없이 의심하게 만든다. 그러나 동시에 '나'는 "나는 믿지 않는다,/는 것을 믿지 않는다"와 같이 반복해 온 질서를 번복할 수 있는 사람이기도 하다. 그리하여 분열된 '나'는 단단히 쌓아 올린 협소한 내면의 세계를 무너트리고, 가장 앞선 죽음인 동시에 오직 "단 하나"뿐인 유일한 죽음을 맞이하게 된다. 몸은 시인이 잘라 낸 최초의 세계이기도 한 것이다.

이처럼 세 번째 시집에 이르러, 가난의 감각은 생활의 지난함을 거쳐 익숙한 생활 세계에 거주하는 '나'를 잃어버리는 경험과 더욱 긴밀히 연결된다. 또한 가난과 결핍 역시 벗어나고 싶은 원흉에서 적극적으로 찾아 나서야 할 무언가로 변모한다.

> 봄빛을 닮은 가난이
> 차곡차곡 쌓인 움막,
> 오래된 아침과
> 이른 죽음이

맞부딪는 곳,

그곳을 자꾸만 찾는 사람이 있어요

마음이 녹아 비가 된 그는

시린 날을 묻고 있대요

낮게 산다는 건

손을 잃는다는 거라는데

(…)

빈 주머니 빈몸으로

짊어지고 사는

사람들

—「만석」 부분

　실제로 「만석」에는 몸의 가난을 찾아 헤매는 사람들
이 존재한다. "봄빛을 닮은 가난이/차곡차곡 쌓인 움막"
은 "오래된 아침과/이른 죽음이/맞부딪는 곳"이다. 새롭
게 눈뜨고 사라지기를 반복하느라 스스로를 단단히 쌓
아 올릴 수 없는 이곳은 필연적으로 가난이 지배하는
장소이지만, 이를 대하는 시인의 태도는 부정적이지 않
다. 오히려 빗금이 그어져 불완전해진 자아의 결손을 반
기는 기색이다. 가난이 화사한 봄빛과 흡사할 뿐더러
"그곳을 자꾸만 찾는 사람"마저 존재한다는 것이다.
　그렇다면 "몸을 챙겨 입어"(「누가 앉았던 소파가 비스

듬하다」)야 하고 "단단한 것들이 오히려 쉽다, 는 말을"
(「이을」) 듣는 세계의 반대편에 서는 이들. "빈 주머니 빈
몸으로/짊어지고 사는 사람들"은 과연 무엇을 바라고
있는 것일까. 시인에게 몸을 자르고 비워 내는 작업은 견
고하게 맞물린 하나의 세계를 풀어내는 작업과 다르지
않다. 사람은 누구나 사회로부터 주어진 역할을 도맡는
동시에 자신만의 질서를 수립하면서 살아간다. 그렇다
면 몸을 가지고 살아가는 개인들을 각각의 개별적인 세
계라고 말해 볼 수 있을 것이다. 이러한 사실을 염두에
둘 때, 세계의 일부이자 하나의 세계로 자리하는 누군가
의 생활을 뒤트는 일은 아래로부터 변화를 추동하는 사
건이 될 수 있다. 조금씩 결핍된 몸을 향해 나아가는 사
람들의 행적이 가위로 봉합선을 한 올씩 잘라 내는 공
작의 과정과 다르지 않기 때문이다.

　　하나의 질문이 날카롭게 베고 간 자리에 바람이
　　달라붙는다. 조난을 당한 이들은 돌아오지 않고 언제
　　까지나 젖어 있다. 추깃물로 채운 빈속이 매번 투명한
　　허기로 선명하다. 구체적인 감각이란 누구나 볼 수 있
　　는 열린 문 안쪽, 텅 빈 문장의 와중에 놓인다, 쓰러지
　　고 기어가는 이의 미끈한 몸뚱이 같은.

돌보는 마음에 애쓸 이유가 없다는 듯 생활은 새
로 얻은 이름을 따라 돌을 쌓는다.

내민 손이 없어 얼마 못 가 무너질 것들이었다. 뙤
약볕에 달궈진 돌을 들추며 지나간 것들의 흔적을 찾
는다.

(…)

나는 이곳에 있고 대답은 다만 밖에 있다.

—「이을」 부분

지금까지의 자신을 죽임으로써 딛고 선 세계를 뒤흔
든 시인의 몸은 불완전할 수밖에 없다. 그런데 이 불완전
한 몸이 다른 존재의 부재를 인식할 수 있는 조건이라면
어떨까. 시체가 썩을 때 나오는 "추깃물"이 "빈속"을 채운
몸은 "투명한 허기로 선명"히 부재를 감지한다. 이토록
"구체적인 감각이란 누구나 볼 수 있는 열린 문 안쪽, 텅
빈 문장의 와중에 놓"이게 된다. 자신을 비우고 버려야
만 생생해지는 감각. 이것과 용기 있게 대면한 이만이 새
로운 생활에 가닿을 수 있다. 그렇기에 필연적으로 "나
는 이곳에 있고 대답은 다만 밖에 있"을 수밖에 없는 것

이다. 이처럼 이병국은 일상을 앓으며 살아가는 몸을 여러 갈래로 가르고 재단하여 새로운 생활을 열어 내고자 한다. 결핍을 극단으로 밀어붙여 기존의 세계 바깥으로 향하는 문을 만드는 것이다.

3. 비스듬히 이어진 세계

그렇다면 이쯤에서 시인이 이전의 삶의 방식을 단호하게 잘라 내려는 이유가 역설적이게도 다시금 이어 붙이기 위해서라는 사실을 짚고 넘어갈 필요가 있겠다. 더욱 분명히 말해 보자면, 시인은 잘못된 매듭을 끊어 내는 행위에 머무르지 않는다. 그의 목표는 복잡한 세계를 풀어헤친 뒤 다시금 '제대로' 잇는 (재)세계화로 나아간다. 이것이 시인이 단순하고 강렬한 한칼을 거부하고, 섬세한 가위질을 거듭해 온 궁극적인 이유이다. 남김없이 잘라 버리지 않고 다른 방식으로 재단한 뒤 이어 붙이는 수선을 선택한 결과일 테니 말이다. 시집에서 내일이라는 미래를 앞당겨 올 사람은 "그저 그런 날들을 털어 내고/단단하게 하루를/매듭짓는//당신"이다. 그리고 그는 "거듭나는 일이란/누군가 다려 놓은 길을 걷는 게 아니란 걸 알고 있"는 사람이다(「지속가능한 내일」).

이때 세계의 변화는 다음의 두 단계를 거쳐야만 가능하다. 먼저 자신의 세계를 깨트리고, 또 다른 세계와 이어지기. 즉, 하나의 세계가 무너진 자리에 새로운 세계가 들어서기 위해서는 다른 존재의 삶이 빈자리를 채워야만 한다. 이때 시인이 기꺼이 관계 맺고자 하는 대상들은 기존의 세계가 배제하고 보이지 않게 만들었던 이들이다. 그래서 이들은 주로 한눈에 파악하기 어렵고, 꽉 움켜잡을 수도 없는 빛 혹은 그와 동시에 존재하는 그림자로 자주 표현된다.

시집에서 단절이 직선이 아니라 빗금으로 자주 등장한다는 사실도 이와 무관하지 않을 테다. 시작과 끝이 분명히 존재하는 직선은 무언가를 가르고 이쪽과 저쪽을 구분하기에 적합하다. 반면에 기울어져 있는 빗금을 사용하면 정확한 형체와 자리를 표시하기 어렵다. 이처럼 빗금은 "밀려난 이들의/빗금 친 얼굴 사이로//일렁이는 그림자"가 머무는 자리이자 "멈추지 않더라는 닫힌 결말을 상상"할 수 있는 공간을 여는 선이다(「대기의 강」). 이처럼 시인은 모호하고 불분명한 존재들을 불러들일 가능성을 사랑한다. 자신이 무너지는 대가를 치러야만 하더라도 말이다.

　　나 아닌 것들로 채워진 몸을 일으켜 세우는 일
　　은 어렵기만 하다는 걸
　　헛도는 우리가 멀어진 곳에서 겨우 알게 되는 일

너는 거짓말 같아서 멀리에서도 가눌 수 없는 빛으
로 울음을 사르고 있다

시간의 주름 안쪽에서 잠이 들 듯 나는

웃었다

흥건하게
하지만 흘러넘치지 않게

길을 잇는다는 것은 발끝을 맞대고
갈라진 기억을 들추는 데 있다는 걸 이해할 수 있
을까
빛의 윤곽을 따라 잦아든 우리가 알 수 있을까

다만 움켜쥘 따름이라고
재투성이가 된 이파리를 문지르며 마음에도 없는
말을

한다
입을 굳게 다물고

아랫입술이 부풀어 오르는 만큼
평평해지는 마음을 깁고
숨을 긷고

엇갈린 나뭇가지 사이로 뭉툭한 바닥을 넌다
빛의 그늘과
맞닿은 어둠이 비틀대며

우리를 가른다

어제의 네가 달무리에 잠기듯
가을은 짙고

나는 발끝에 맺힌 기억을 들추지 못하고 갈라진
채로 있다

— 「빛그늘」 부분

　표제작이자 시집을 여는 가장 첫 시인 「빛그늘」을 살
펴보자. 시에서 화자는 갈라지고 비워져 "나 아닌 것들
로 채워진 몸"으로 살아간다. 그런데 "마음에도 없는 말
을" 하거나 "빛의 그늘과/맞닿은 어둠이 비틀대며//우

리를 가른다"는 단절감을 털어놓는 모습에서 유추해
볼 수 있듯이, 화자에게 "거짓말"이자 "멀리에서도 가눌
수 없는 빛"과 같은 '너'와 맞닿아 '우리'가 되는 일은 지
난해 보인다. 하지만 시인에게 경계선은 빗금이라는 사
실을 잊지 말자. 빛과 어둠이 구별할 수 없을 정도로 얽
혀 있는 모습처럼 "겨우 한 줌의 우리"일지라도, 그것은
분명히 "더는 어찌할 수 없을 정도로 엉망인 채로/빛그
늘 안에 엉켜 있다"(「전지」). 손쓸 도리가 없어 보일 정도
로 망가진 모습이지만 '나'와 '너'의 겹침은 끝내 사라지
지 않고 남아 있는 것이다.

　따라서 길을 잇는 유일한 방법은 "발끝을 맞대고/갈
라진 기억을 들추는 데 있다". '너'와 '나'로 분명히 구분
되어 닿을 수 없을 것만 같이 느껴지더라도 스스로가
지닌 빗금, 즉 완벽히 나뉘지 않은 열림의 선을 인식한
채 "갈라진 채로" 서로에게 다가서야만 하는 것이다.

　　나무라고 한다. 내가 생각하는 나무가 당신이 생
　　각하는 나무와 다를 수 있다. 다를 수밖에 없다. 나는
　　이팝나무나 모감주나무를 그린다. 당신은 자귀나무
　　나 은사시나무를 떠올릴 수 있다.

　　서로의 자리를 이으려는 것부터 잘못이라 말하는

당신을 열어 두기로 한다. 잠시 머물러도 된다는 것을 알아도 물들어 가는 것까지 어찌할 수는 없다. 오래 기다린 풍경은 당신과 나 사이를 가로지르는 나무에 걸쳐 둔다.

(…)

쓸모없는 일이라고 당신은 생각할 수 있다. 잠시의 곁을 나무의 다른 이름으로 생각할 수도 있다.

나는 차이가 만든 삭흔을 다정하게 받아들이기로 한다. 그것을 끌어안고 나무라고 한다.

숲이라고 한다.

—「스스로의 서사」 부분

세계를 수선하는 방법을 깨달은 시인은 자신의 삶을 다시 쓰기로 결심한다. 단독자이자 영웅으로서 자기 존재 내부의 여백을 인정하지 않았던 고르디우스의 매듭 속 왕과는 다른 방식으로 "스스로의 서사"를 재구성하는 것이다. "당신과 나 사이를 가로지르는 나무"처럼 "오래 기다린 풍경"이 여전히 존재한다는 사실은 서로 무관하게 살아가는 존재 방식의 유구함을 보여 주는 듯하다. 마찬가지로 '당신'과 '나'의 차이는 "다를 수밖에 없"는 당연한 것으로 인식된다. 그러나 이 다름은 오히려 서로 이어질 수 있는 중요한 근거로 기능하게 된다. 동형의 존재가 겹치는 일은 그저 동일성의 반복이자 차이 없음을 재확인하는 일에 불과할 수 있다. 따라서 "서로의 자리를 이으려는 것부터 잘못이라 말하는 당신을 열어 두기로" 선택한 '나'의 기다림은, "차이가 만든 삭흔"을 껴안아 새로운 의미를 창조하는 행위로 이어진다. "내가 생각하는 나무"와 "당신이 생각하는 나무"라는 두 세계의 대립은 '나'와 '너'가 '우리'로 이어짐으로써 새로운 제 3의 의미를 지닌 "나무"가 된다. 이러한 재의미화는 "나무"라는 각각의 세계가 이어져 마침내 "숲"이 되는 세계의 연결과 확장으로까지 나아간다.

비스듬히 기울어져 이어지는 마음들. 그것은 "맞은편에서 손을 흔드는 이"에게 "마음이 닿는 일"이자, "더는 미룰 수 없다는 듯이/서로의 틈을 메"우며 생기는 세계의 만남이다. 이러한 이어짐의 순간에 다다를 때 비로소 세계가 거듭날 수 있다는 사실을 시인은 우리에게 끊임없이 상기시키고 있다.

4. 불안하기보다는 불온하기를

시인이 다다르고자 한 이들이 세계의 질서와 압력에 의해 비가시화된 존재들이었음을 상기해 본다면, '잇는 마음'은 곧 '잊지 않으려는 마음'과 직결될 수밖에 없다. 타자를 감각하고 그들의 흔적을 이어받아 지키려는 공동체성이 시에 스며들어 있기 때문이다. 세 번째 시집에 이르러 생활과 일상의 감각이 사회적인 문제들과 더욱 긴밀해졌다는 인상은 이러한 마음의 연쇄 작용에서 오는 것일 수 있다. 4부는 결핍과 부재의 감각이 역사적 사건과 맞물려 스러져 간 이들을 끌어안는 시들로 넉넉히 채워져 있다.

그해 바깥에 머물며
잊지 않는다는 말을 잊지 않았다.

그러면 없는 일이 되는 것처럼
짖지 않았다.

사납고 세차게 짖지 않는 마음
에 손을 가져다 댄다.

오래된 길을 따라 부서진 안쪽이 깊은 자국으로

고인다.

그럼에도 가고 있다는 사실은 변함없이 여기 있다.

헛디딘 걸음 사이로 널브러진 나를 붙들고
계속되고 있다, 고 말한다.

오월 광주는
사월과 시월은
거듭되는 그 모든 달과 날들은

여지없는 이야기로 뒤엉키고 켜켜이 쌓여
긴 시간을 달려온 이들의 숨결을 잇는다.
　　　　　　　　　　　　—「1980년으로부터」 부분

  그중에서도 「1980년으로부터」는 1980년의 광주와 분
리되어 있던 시인 자신을 되돌아보며 그해를 쓰기의 원
점 중 하나로 삼을 것을 다짐하는 시이다. "그해, 첫 월
요일에 태어난 나는 아무것도 아니었고 아무렇지도 않
았"기에 '나'는 "그해 바깥에 머물" 수 있었던 사람이다.
그렇게 "잊지 않는다는 말을 잊지 않았다"고 고백한 시
인은 "긴 시간을 달려온 이들의 숨결을 잇"기 위해 "아

무엇도 아닌 때로부터/1980년으로부터/다시,//쓴다"는 선택을 이어 나간다. 세월호 참사 10주기를 추념하는 시 「다시 시작하는 하루」 역시 "능숙해지지 않아 다행"인 "꺼져 가는 빛"들을 위해 "보이지 않아도/계속된 길을 낸다"고 읊조리는 목소리로 가득하다.

이렇듯 『빛그늘』에서 시인은 다른 존재와 서로 무관하고 무감한 삶이 당연하다는 듯 구는 세계를 향해 매서운 목소리를 내고 있다. "멀지 않은 곳에서 일어난 지진과/폭우와 폭설에 관해//물을 긷기 위해 하루 여덟 시간을 걸어야 하는 삶에 관해/상상하지는"(「전지」) 세계는 "평온을 가장"한 채 사람들을 기만하고, "아무렇지 않은 이들이//파인/홈//을 건"너는 거짓된 평화는 오목하게 파인 구덩이에 발이 걸리는 즉시 무너져 내릴 것이 분명하다.

이러한 세계 속에서 시인은 불안에 떨기보다는, 불온한 사람이 되기를 선택한다. "다시 시작할 수 있다는 기대가/여지없는 패배로 길들" 수밖에 없는 삶의 한복판에서 시인은 "불온한 어른으로 자란 내가/ 길거리에 누워 있"는 모습을 발견한다(「강화–To be continued」). 늘 "안전한 자리에만"(「가위–종이비행기」) 남아 날아가지도, 나아가지도 못한 채 불안에 떨던 시인은 이제 금지의 경계를 넘어 세계의 바깥으로 향한다. "불안하다는 말은 하지 않기로 한다. 그저 걷는다, 나아간다, 날아간다, 점점 속도를 높인다. 빠르게"(「당신이 아닌 나는 누구입니까」).

 "최선은 선택받지 못한 다른 것에 있다"(「이을」)는 사실을, 시인은 분명히 단언한다. "되풀이되는 세계의 약속을 믿지 못하는 나"는 이제 "너의 곁에서, 너와 나란한 채로" 서로에 의해 비워지고, 또한 채워지며 새로운 세계이자 함께 맞설 수 있는 공간을 창출해 나간다(「헤테로토피아」).

 "여기와 저기를 끊어야만 살 수 있었다"[6]고 토로하던 첫 시집과, 그럼에도 불구하고 "끝끝내 잘라 내지 못한/문장처럼"[7] 무언가는 마지막까지 남아 있음을 감각한 두 번째 시집을 거쳐 도달한 『빛그늘』에서 이병국은 이제 "여기가 어디라도 좋겠습니다"(「모노크롬」)라는 담백한 소회를 건넨다. '여기'와 '저기'를 분명히 구분하고, '이곳'과 '내일'처럼 뚜렷한 지향점을 좇던 시인은 이제 빛과 어둠이 교차하는 "빛그늘"처럼 딛고 선 자리가 어디든지 그곳을 자신만의 세계로 만들어 나가고 있다.

 이렇듯 빛과 같이 어른거리는 존재들의 잔상을 꿰어 세계를 새롭게 이어 붙이고자 노력하는 시인을 '빛의 수

---

6 「비밀의 화원」, 『이곳의 안녕』, 파란, 2018.

7 「빗금」, 『내일은 어디쯤인가요』, 시인의일요일, 2022.

선공'이라 불러도 좋지 않을까. 공작의 과정에서 마주친 마름질에 애정을 담아 손을 보태 보자면, 시 세계에 담긴 문제의식이 한층 진중해진 만큼 확장된 생활의 감각이 조금 더 섬세히 직조되어도 좋겠다. 세계가 넓어지는 양상을 표현하기 위해 반드시 일상을 벗어난 개념과 의식이 사용될 필요는 없으니 말이다. 언제까지나 가위를 든 채 우리의 삶과 맞닿아 있는 세계를 솜씨 있게 바꾸어 나갈 시인의 역량에 기대를 걸어 본다.

빛그늘

2025년 11월 10일 1판 1쇄 펴냄

지은이   이병국
펴낸이   김성규
편집   조혜주 최주연 권은하 한도연
디자인   신혜연
펴낸곳   걷는사람
주소   경기도 용인시 기흥구 동백중앙로 358-6, 7층 (본사)
    서울 마포구 월드컵로16길 51 서교자이빌 304호 (지사)
전화   031 281 2602 / 02 323 2602
팩스   02 323 2603
등록   2016년 11월 18일 제25100-2016-000083호

ISBN 979-11-7501-021-5 04810
ISBN 979-11-89128-01-2 (세트)

* 본 도서는 인천광역시와 (재)인천문화재단의 후원을 받아 '2025 예술창작지원사업'에
  선정되어 발간되었습니다.
* 이 책 내용의 전부 또는 일부를 재사용하려면 반드시 지은이와 출판사의 동의를
  얻어야 합니다.
* 잘못된 책은 교환해 드립니다.